Disney

# DINOSAURE

## LE GUIDE OFFICIEL

Disney

# DINOSAURE

## LE GUIDE OFFICIEL

Disney
HACHETTE ÉDITION

# Sommaire

# AVANT-PROPOS

Le film *Dinosaure* vous transporte à une époque où les créatures les plus extraordinaires régnaient sur la Terre.

Grâce aux innovations technologiques de Disney en matière d'animation, les dinosaures sortent enfin des manuels d'Histoire et de notre imagination. *Dinosaure* ouvre une fenêtre sur la vie au temps de la préhistoire, telle qu'elle n'avait jamais été montrée auparavant. Et ce que vous allez voir va vous couper le souffle.

Pour la première fois, vous pourrez découvrir un monde où la terre tremble sous le poids des vastes troupeaux d'iguanodons, où des vélociraptors menaçants se terrent au fond des canyons, et où le rugissement des plus grands carnivores ayant jamais vécu sur notre planète retentit jusqu'au tréfonds des forêts.

Tout droit sorties du film, les créatures qui apparaissent au fil des pages de ce *Guide Officiel* ont toutes les caractéristiques de vrais animaux vivants : peau tachetée, chair épaisse et fourrure broussailleuse. Pour vous présenter tous les personnages et tous les décors dans leurs moindres détails, cette édition vous propose des légendes, des commentaires et les fantastiques images virtuelles de Disney.

Alors, installez-vous, et laissez ce *Guide Officiel* vous emporter dans un monde où flotte une odeur de poussière volcanique et où des yeux fureteurs luisent dans le feuillage des arbres de l'île des lémuriens.

Bienvenue dans l'univers de *Dinosaure* !

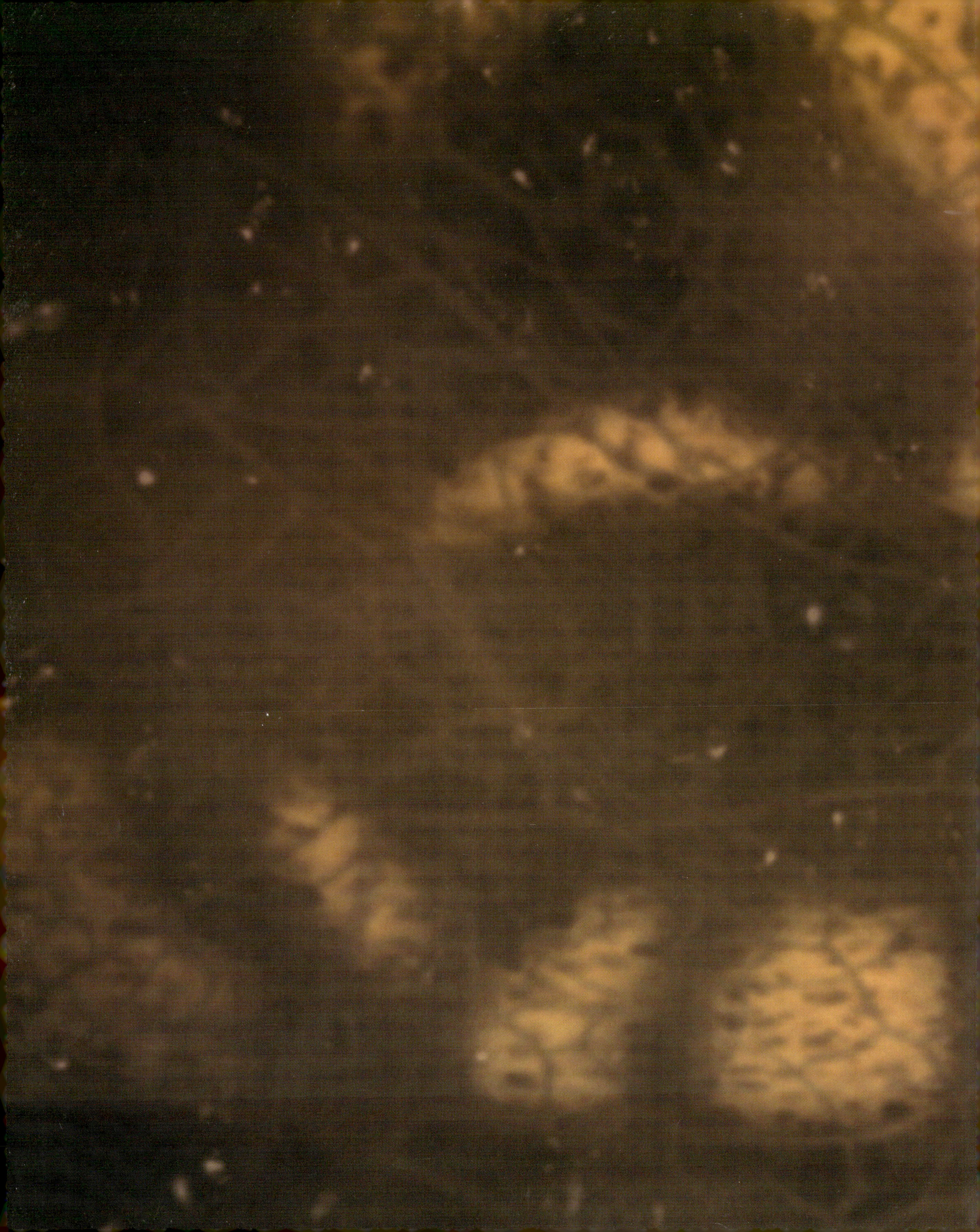

# Le monde du crétacé

Bien à l'abri dans son œuf, un bébé aperçoit la pâle lueur du monde extérieur qui filtre à travers la coquille. Des ombres s'animent, étranges et reptiliennes. C'est la lumière lointaine du crétacé, l'âge d'or des dinosaures. Une époque où évoluent des milliers d'espèces différentes. Mais également un monde sauvage, destructeur, où la vie peut être brève et où il faut se montrer rapide et vigilant pour survivre. Voici l'histoire d'un dinosaure qui a réussi à survivre. Voici l'histoire d'Aladar…

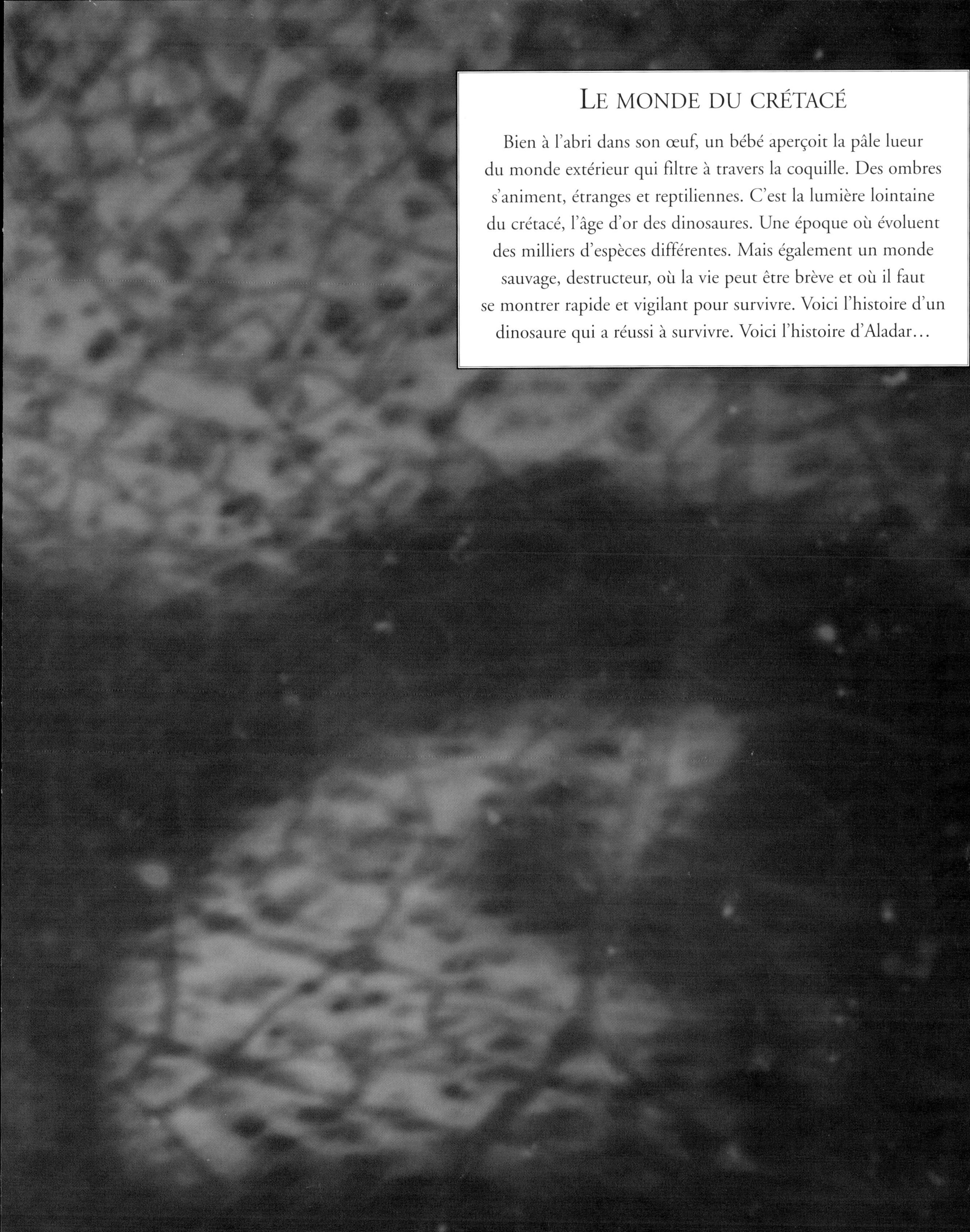

# LE PARADIS

Accompagné d'un brachiosaure, un pachyrhinosaurus de trois tonnes se dirige d'un pas lent vers le point d'eau.

Il y a de cela plusieurs millions d'années, au cœur d'une vallée luxuriante, un magnifique troupeau de dinosaures pâture et élève sa progéniture. De hautes montagnes surplombent ce décor harmonieux et procurent de l'ombre lors des après-midi torrides. La végétation est abondante et l'endroit propice au développement de ces imposantes créatures.

Des centaines de femelles pondent leurs œufs dans la vaste plaine fertile. Elles restent côte à côte, aux aguets, et chacune garde un œil sur le nid de sa voisine, au cas où un prédateur surgirait pour dérober furtivement un œuf.

## Un lac accueillant

La Terre des Nids s'étend autour d'un grand lac d'eau claire, dans lequel les dinosaures boivent et se baignent. Les dinosaures qui vivent en hordes sont très sociables. Durant la saison de la ponte, le lac devient donc le centre de leur communauté en pleine effervescence.

### LA VIE AU CRÉTACÉ

- Durant l'ère crétacée, des plantes à fleurs, comme l'auricaria, ont remplacé la plupart des fougères et des conifères présents pendant l'ère jurassique.
- Quand le climat est devenu changeant, les petits mammifères se sont rapidement multipliés, mais les reptiles sont restés l'espèce dominante sur la Terre.

Distraite par un des ichtyornis qui volent au-dessus de sa tête, une mère iguanondon n'a pas remarqué qu'un jeune parasaurolophus vient, par jeu, de plonger le nez dans son nid. Lorsqu'elle s'en aperçoit, elle le repousse gentiment avec sa tête.

## Le nid

En marge du troupeau, une mère iguanodon surveille son nid avec une satisfaction toute maternelle. Elle a déposé ses œufs tachetés de couleurs et striés de veines sur un lit bien chaud de terre et de feuilles. Tendrement, elle les dispose en cercle et attend patiemment leur éclosion.

## Récréation

Les bébés hadrosaures et les petits iguanodons batifolent autour du nid et courent entre les pattes des Léviathans qui se désaltèrent dans le lac. Certaines mères ont bien du mal à garder un œil sur leurs enfants lorsqu'ils atteignent cet âge plein d'énergie et de curiosité.

Ce petit parasaurolophus ne sait pas encore ce que signifie « fuir pour sauver sa vie ». Mais il l'apprendra bientôt.

Le troupeau s'est établi dans une clairière de façon à mieux voir arriver les prédateurs. La plaine est cernée par une forêt dense et sombre, dans laquelle il vaut mieux ne pas s'aventurer seul.

# Les Carnosaures

Le regard d'un gigantesque carnosaure affamé perce à travers le feuillage. Le prédateur attend le moment propice pour attaquer.

Avec sa tête baissée et ses mâchoires béantes, dévoilant des crocs aiguisés comme des lames de rasoir, le carnosaure à la charge est le cauchemar du troupeau. Ce gigantesque et cruel carnassier sème la terreur parmi les herbivores, qui vivent dans la peur d'être pris en chasse. Le carnosaure est un prédateur sans pitié qui attaque en tendant des embuscades.

## Attaque-surprise

Un bébé parasaurolophus qui joue à la lisière de la forêt vient déranger un carnosaure embusqué. Soudain, dans un fracas de branches brisées, le monstre charge et la terreur s'empare du troupeau.

La mère d'Aladar affronte courageusement la bête qui piétine son nid et détruit ses œufs. Un jour prochain, le fils qu'elle ne connaîtra jamais la vengera.

*La gueule du carnosaure est assez large pour avaler un être humain en entier.*

### Les carnosaures

- Comme d'autres carnivores géants du crétacé, les carnosaures ont un large crâne, des pattes arrière puissantes et des bras courts. Mais ils sont les seuls à avoir ce genre de cornes « de taureau ».
- Les carnosaures chassent seuls ou par deux. Ils dévorent souvent des proies tuées par de plus petits prédateurs de meute, comme les vélociraptors.

Les pachyrhinosaurus peuvent se servir de leurs redoutables cornes pour se défendre contre les prédateurs. Pour le carnosaure, la rapidité de l'attaque et l'effet de surprise sont alors essentiels.

# Choisir sa proie et l'attaquer

Le carnosaure ne se préoccupe pas des petites créatures moins rapides que lui. Il sait qu'en créant la panique dans un troupeau, il pourra facilemcnt attaquer des retardataires isolés de bonne taille. Il se jette alors sur sa proie, la gueule béante. Sa morsure provoque une forte hémorragie et une mort rapide de sa victime.

La météorite a poussé deux carnosaures affamés vers le nord. Leur odorat très développé les conduit sur la piste du troupeau. Ils gagnent rapidement du terrain, dévorant les restes de nourriture abandonnés par les vélociraptors.

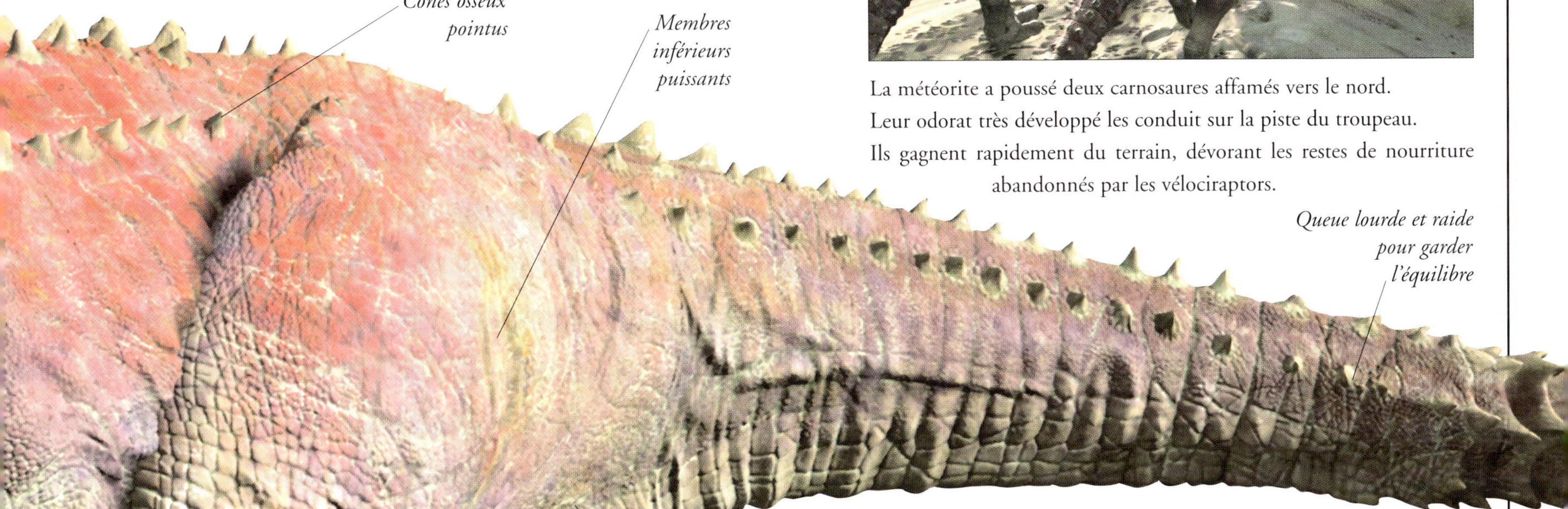

Les carnosaures ont repéré la grotte où se cachent Aladar et ses amis. L'un des prédateurs glisse lentement sa tête par l'entrée. À l'intérieur, chacun retient son souffle !

Les membres du troupeau ne font plus qu'un ! Ils font face au carnosaure, qui panique devant tant de courage.

## MÂCHOIRES SANGLANTES

Un carnosaure doit bien préparer son attaque. S'il n'est pas assez rapide, sa proie peut l'esquiver et riposter. Une fois sa victime à terre, le carnosaure lui arrache de gros morceaux de chair avec ses dents acérées. Grâce à ses mâchoires mobiles et à sa large gueule, il peut avaler de gros morceaux.

# LES VOLEURS D'ŒUFS

Le nid de la maman iguanodon est détruit au cours de l'attaque du carnosaure. L'un des œufs est miraculeusement épargné, mais reste seul, vulnérable. Un oviraptor qui a assisté à la scène, caché dans les arbres, voit là l'occasion de s'en emparer. Vite, avant que la maman revienne, il s'enfuit dans la forêt, serrant sa prise entre ses longues griffes.

## Œuf brouillé

Le voleur s'arrête au cœur de la forêt obscure pour manger le contenu de l'œuf. Il tente de le briser avec une pierre, mais la coquille, solide, résiste. Brusquement, un autre oviraptor se précipite pour le lui prendre.

## L'OVIRAPTOR

Ce prédateur à tête d'oiseau possède des mâchoires en forme de bec, des mains griffues et des jambes très agiles – idéales pour chaparder des œufs. Des squelettes d'oviraptors ont été retrouvés avec le crâne brisé, ce qui laisse supposer que les propriétaires des œufs, mécontents, ont parfois pris les voleurs sur le fait.

L'œuf flotte à la surface de l'eau entre deux talarurus qui prennent un bain de soleil sur les rochers. Le talarurus est un ankylosaure à carapace qui possède une étonnante massue osseuse au bout de sa queue. Il est capable de faucher les pattes d'un prédateur pour le faire tomber.

Les deux voleurs se disputent l'œuf sauvagement, mais celui-ci leur glisse des pattes et tombe dans la rivière. Déçus et énervés, ils s'en prennent l'un à l'autre, se griffant et s'écorchant rageusement.

## Menace sous-marine

Un grand labyrinthodonte aquatique, qui se baigne dans le courant chaud de la rivière, voit flotter cet inhabituel casse-croûte. Il remonte vers la surface, le gobe, mais manque s'étouffer à cause de sa solide coquille, et finit par le recracher.

L'œuf poursuit son dangereux périple le long de la rivière, entre les jambes d'un troupeau de pachyrhinosaurus en train de boire. L'un d'entre eux, plus pressé que les autres, pousse bêtement le malheureux œuf, et le renvoie poursuivre sa course dans le courant rapide, au milieu du cours d'eau.

### LES ŒUFS DE DINOSAURE

- La plupart des dinosaures déposent leurs œufs dans des nids de boue ou dans des trous creusés à même le sable et recouverts de végétation.
- Les œufs ressemblent à de grosses pommes de terre.
- Chez certaines espèces, les mères restent auprès de leurs œufs pour les surveiller et les protéger. D'autres les enterrent dans le sol au fin fond de la forêt.
- Malgré les précautions des parents, beaucoup de petits dinosaures sont victimes des carnivores avant d'atteindre l'âge adulte.

Plouf ! La longue chute de l'œuf est amortie par l'eau profonde des rapides. Cet œuf est un miraculé !

Emporté par un courant rapide et puissant, l'œuf risque à chaque instant de percuter une des pierres du lit rocheux de la rivière…

# LE PTÉRANODON

Des embruns de la chute d'eau émerge une volée de ptéranodons. Ils agitent lentement leurs larges ailes et frôlent la surface de l'eau, en quête de poissons. Portée par les courants d'air chaud ascendants, une femelle aperçoit une proie bien peu ordinaire. Elle survole le troupeau de pachyrhinosaurus et se saisit de l'œuf à fleur d'eau. Quel festin pour ses petits !

Grâce à sa vue perçante, le ptéranodon scrute la rivière pour savoir ce qu'elle lui apporte ce jour-là. Lorsqu'il aperçoit un poisson, il pique à une vitesse redoutable et l'attrape avec son long bec. Le poisson a rarement le temps de le voir arriver !

## Looping

Vive comme l'éclair, la femelle ptéranodon survole la vallée en direction des plaines, serrant l'œuf bien fort dans son bec. Ravie de sa chasse fructueuse, elle ose une figure acrobatique sous la queue d'un brachiosaure en train de pâturer !

Le reptile ailé survole la mer en direction d'une mystérieuse île tropicale, au-dessus de laquelle un orage se prépare…

## LE MOSASAURE

Le ptéranodon doit être vigilant lorsqu'il vole au ras de l'eau. Le mosasaure, immense prédateur aquatique, jaillit des flots pour attaquer ses victimes.

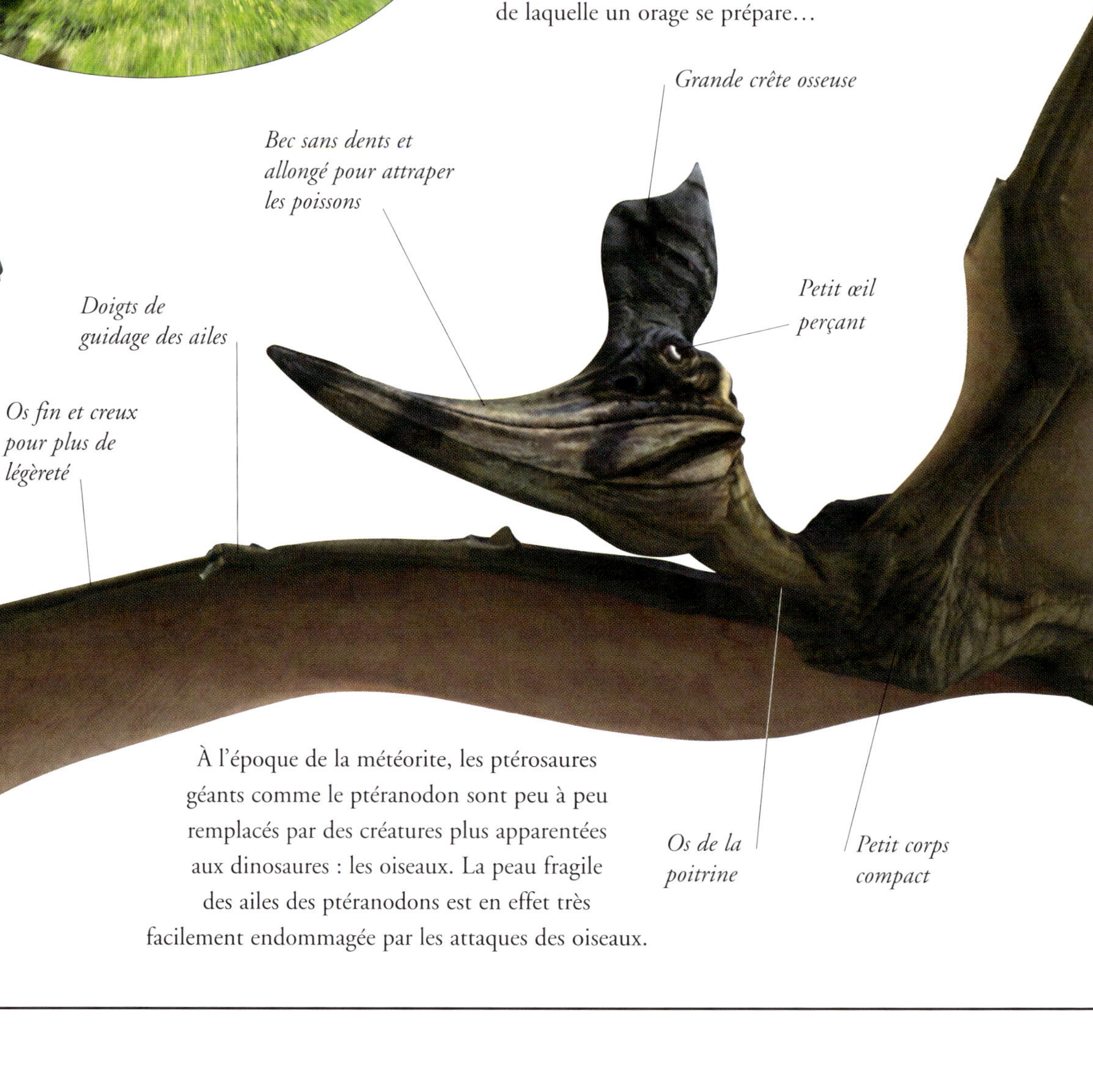


À l'époque de la météorite, les ptérosaures géants comme le ptéranodon sont peu à peu remplacés par des créatures plus apparentées aux dinosaures : les oiseaux. La peau fragile des ailes des ptéranodons est en effet très facilement endommagée par les attaques des oiseaux.

Voilà 30 ans que ce ptéranodon pêche dans la même rivière. Comme ses semblables, il mourra sans doute près de l'eau, en chassant.

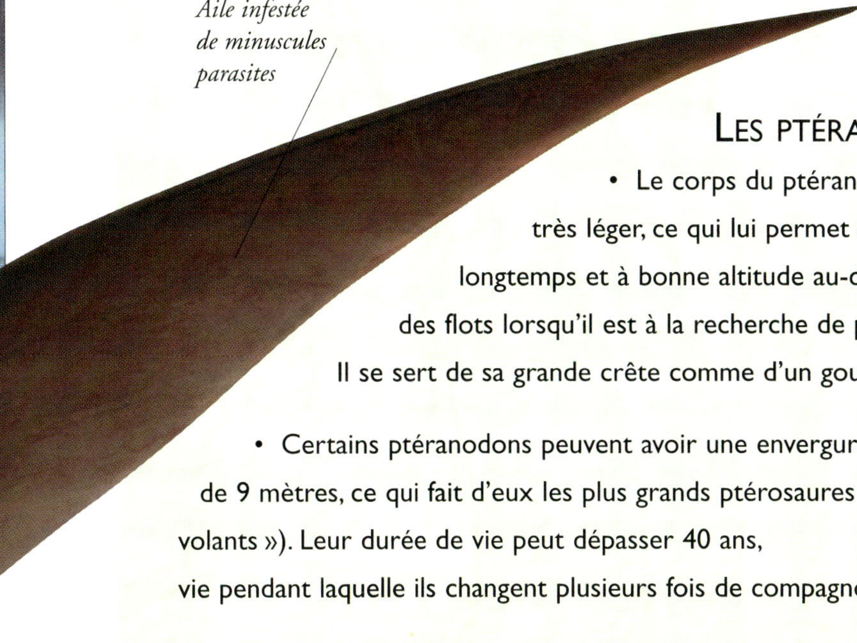


## Les ptéranodons

• Le corps du ptéranodon est très léger, ce qui lui permet de planer longtemps et à bonne altitude au-dessus des flots lorsqu'il est à la recherche de poisson. Il se sert de sa grande crête comme d'un gouvernail.

• Certains ptéranodons peuvent avoir une envergure de plus de 9 mètres, ce qui fait d'eux les plus grands ptérosaures (« lézards volants »). Leur durée de vie peut dépasser 40 ans, vie pendant laquelle ils changent plusieurs fois de compagnon.

En haut d'une falaise, deux bébés ptéranodons ont faim et piaillent dans leur nid. Mais aujourd'hui, ils seront déçus : leur mère va rentrer le bec vide !

## Attaque aérienne

Avant d'avoir atteint son nid, la maman ptéranodon est attaquée à coup de bec alors qu'elle survole un territoire férocement défendu par une armée d'ichtyornis piailleurs. Seule contre tous, elle est contrainte de lâcher son précieux butin pour échapper à ses adversaires à plumes.

Sous un ciel d'orage, l'œuf fait une terrible chute dans l'atmosphère tropicale et étouffante de l'île. Il traverse la plus haute couche de feuillage et pénètre dans un monde sombre et vert. Puis il atterrit, intact, sur la branche moussue d'un arbre immense.

## L'ÎLE DES LÉMURIENS

Au cœur de l'épaisse forêt vierge, des oiseaux tropicaux poussent des cris perçants. De petites créatures poilues dégringolent des arbres et leurs yeux curieux brillent dans la lumière d'émeraude. L'œuf vient de terminer sa chute dans un monde bien différent du sien… L'île des lémuriens est un monde perdu. Loin de la sauvagerie du continent, la vie s'y écoule en paix et une colonie de petits mammifères vifs et malins, les lémuriens, s'y est développée. Les légendes ancestrales de leur peuple leur ont transmis la peur des terribles monstres qui vivent sur le continent, par-delà l'océan.

# PLIO

Plio, la fille de Yar, est la figure maternelle du clan. À l'image de tous les lémuriens, elle est paisible, gentille, et très tendre. Dans la vie de tous les jours, ses conseils et son instinct maternel sont précieux pour la communauté. Elle est le parfait complément de Yar, souvent inquiet et excentrique. C'est son amour de mère qui la conduira à recueillir Aladar.

Prudemment, Plio se fraie un chemin jusqu'à l'œuf. À côté d'elle, il ressemble à une énorme pierre tombée du ciel. Plio n'a jamais rien vu de semblable.

## L'amour d'une mère

Contrairement à Yar, Plio n'a absolument pas peur de ce bébé. Son instinct maternel lui commande de le garder et de le protéger. Elle a compris, au plus profond d'elle-même, que ce nouveau-né jouera un grand rôle dans la destinée du clan.

## LE MENTOR

Sous l'Arbre sacré, Plio explique aux filles comment se comporter durant la cérémonie. Mais une catastrophe va bouleverser cette grande journée : une météorite s'apprête à tomber sur la Terre !

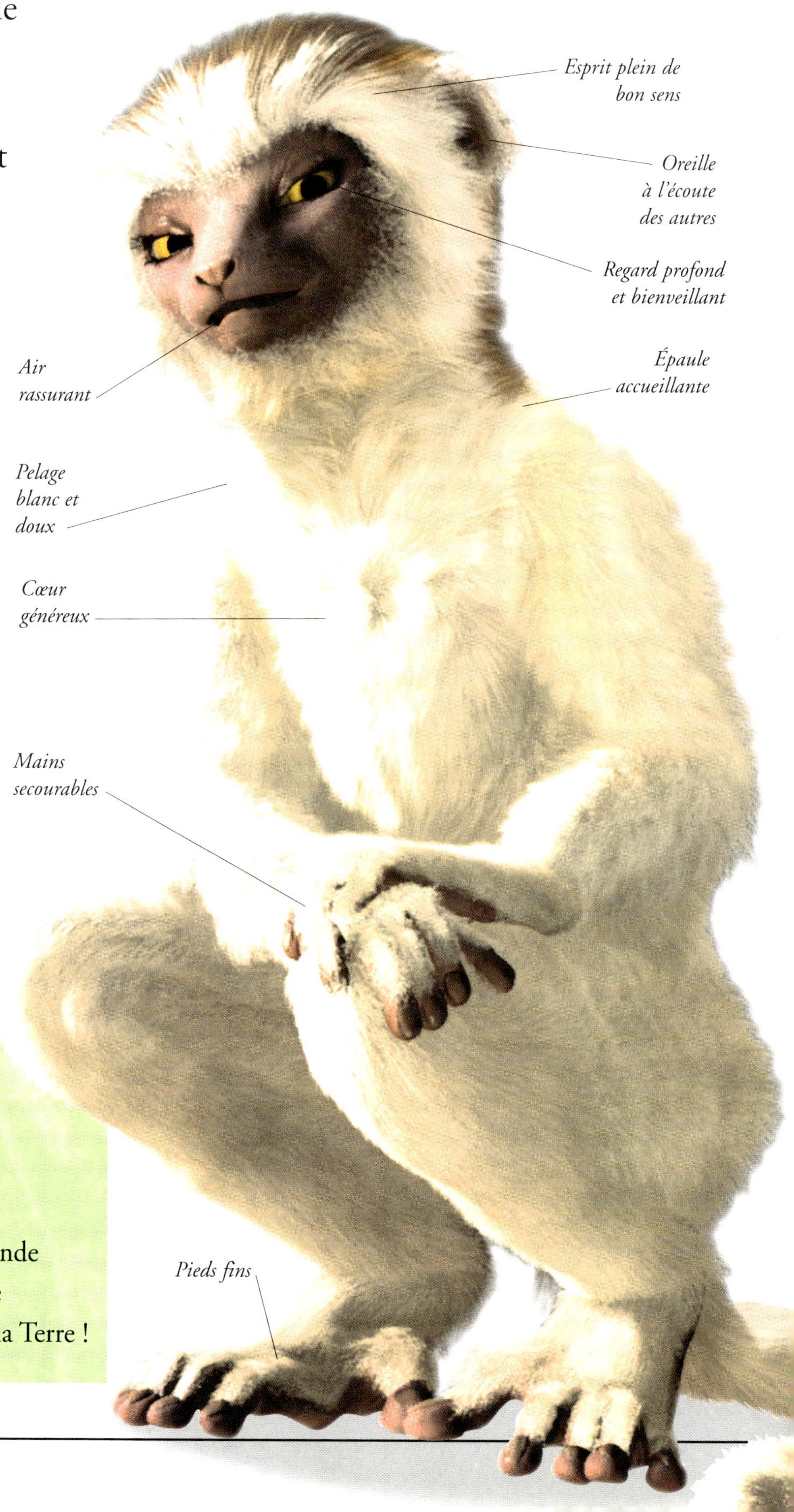

Plio, qui a vu Aladar et Neera discuter tendrement sous le ciel étoilé, réveille délicatement son père. Elle est folle de joie à l'idée que son fils adoptif ait trouvé une compagne. Mais ne serait-ce pas une larme qui brille au coin de l'œil de Yar ?

Dans la grotte, Plio s'occupe de Bruton, sévèrement blessé. Telle une infirmière, elle extrait la sève d'une petite plante, trouvée dans une fissure de la roche, et recouvre la blessure du liquide gluant. Bruton semble douter de l'efficacité des remèdes de Plio, mais bien vite, il se sent soulagé.

## Petite maman, grande amie

En compagnie des dinosaures, Plio est maintenant la plus petite des mamans. Ce qui n'empêche pas les géantes d'avoir beaucoup de respect pour elle et de lui demander des conseils à propos de l'éducation de leurs enfants ou de leurs problèmes de cœur !

## SURI

Encore inexpérimentée, Suri, la fille de Plio, déborde de joie et de vitalité. Très attachée à Aladar, elle est ravie d'avoir pour grand frère un dinosaure de deux tonnes. Lorsque l'île sera détruite, elle apprendra bien vite à affronter les dures réalités de la vie sur le continent. Mais elle peut compter sur Plio pour la protéger.

Suri tente de réconforter deux dinosaures orphelins, assoiffés. Les petits semblent avoir peur du jeune lémurien. « Ne craignez rien, ce n'est qu'une boule de poils ! » leur dit Aladar. « Et fière de l'être », ajoute Suri.

Au cours d'une partie de course-poursuite sur l'île des lémuriens, Suri tente d'échapper à Aladar en grimpant en haut d'un arbre. Trop tard ! L'iguanodon ouvre grand sa gueule et la gobe tout entière, en une seule bouchée. Soudain, une voix crie : « Je veux sortir ! » Le grand frère recrache alors Suri, couverte de bave. Elle adore ce jeu !

# Yar

Ancien chef du clan des lémuriens, Yar a officiellement pris sa retraite, ce qui ne l'empêche pas de fourrer son nez dans les affaires des autres. Sous ses airs bourrus et fanfarons, il cache un cœur d'or. Et bien qu'il soit têtu, il n'y a pas plus doux ni craintif que lui. Face aux dangers du continent, il tente de faire preuve d'autorité, mais il est en fait le premier effrayé !

Yar fait les cent pas sur sa branche moussue, en tentant de convaincre les enfants des dangers que représente le bébé dinosaure. « C'est une créature à sang froid venue de l'autre côté de la mer, grommelle-t-il en faisant de grands gestes. Un jour, il fera de nous son casse-croûte ! »

Yar essaie en fait de dissimuler sa peur ! Il se dit qu'un vieillard comme lui a passé l'âge de prendre des risques et mérite de vivre en paix.

## Un bébé sur les bras !

Yar a réussi à convaincre le clan des lémuriens que le dinosaure finira par tous les dévorer ! Plio rechigne, mais doit lui remettre le bébé pour qu'il s'en débarrasse. Yar soulève Aladar au-dessus du vide. Inconscient du danger, le bébé dinosaure gazouille et sourit. Le vieillard, attendri, renonce à commettre l'irréparable.

Yar a compris qu'il allait commettre une erreur en éliminant le bébé… Après tout, Aladar n'a vraiment rien d'un monstre !

## Cours de charme

Yar montre aux lémuriens mâles les figures traditionnelles qu'ils doivent réaliser pour attirer les femelles lors de la cérémonie de l'Arbre sacré. Ce n'est pas au vieux singe qu'on apprend à faire la grimace !

Durant la cérémonie de l'Arbre sacré, alors qu'il est plongé dans ses rêveries, Yar se rend brusquement compte qu'une étrange odeur flotte dans l'air. Une odeur qui ne lui dit rien qui vaille ! Le danger qui approche est assurément bien plus grand que celui d'adopter un bébé dinosaure…

Eema la grincheuse est, depuis leur rencontre, la meilleure amie de Yar. Ils s'entendent à merveille, tout en adorant se taquiner. Perché sur la crête d'Eema, Yar prévient la femelle styracosaure lorsqu'elle se fait distancer par le troupeau. « Comme si j'avais besoin d'avoir un singe sur le dos ! » bougonne Eema.

## Gare aux vélociraptors !

Sur le continent, Yar déclare qu'il n'y a absolument aucune raison d'avoir peur. Pourtant, lorsque Zini lui tape sur l'épaule, il sursaute comme un fou. Ils sont encerclés par des vélociraptors ! L'un d'eux mord la patte d'Aladar, tandis qu'un autre cherche à attraper Yar, sur le point de lâcher prise. Plio et Zini interviennent juste à temps !

## Yar-hoo !

Perché au sommet du crâne de Baylene, Yar a une vue imprenable sur le paysage. Les arbres de l'île manquent aux lémuriens, et ils ne peuvent s'empêcher de faire des acrobaties et du toboggan sur le cou du brachiosaure ! Yar, lui, a bien du mal à s'habituer à la taille gigantesque de l'animal !

Arrivé à la Terre des Nids, Yar reprend paisiblement ses vieilles habitudes de grand-père. En vénérable doyen des lémuriens, il est ravi de pouvoir transmettre sa sagesse à son arrière-petit-fils : le bébé d'Aladar.

# ALADAR

Élevé sur l'île des lémuriens depuis sa plus tendre enfance, Aladar n'a jamais rencontré d'iguanodon. Bébé, il est recueilli et adopté par le clan des lémuriens, qui lui donnent tout leur amour et lui transmettent leur gentillesse, leur générosité et leur malice. Sa mentalité est donc très différente de celle de ses semblables.

Lorsqu'il voit le visage du bébé, Yar ne peut se résoudre à le tuer. Plio adopte alors l'iguanodon. C'est ainsi que l'histoire de l'œuf tombé du ciel entre dans la légende des lémuriens.

Les années ont passé et Aladar est devenu un bel adolescent de deux tonnes. Heureusement, l'île est assez fertile pour lui fournir sa monumentale ration journalière de feuilles et de fruits.

Grâce à sa puissance musculaire, Aladar peut courir très vite et sauter très haut pour échapper aux prédateurs. Il peut aussi utiliser ses pattes avant et sa queue pour se défendre.

## Traquenard

Quand Aladar joue à poursuivre ses frères et sœurs lémuriens à travers la forêt, la terre tremble et les feuilles voltigent. À la fin du jeu, les petits tendent une embuscade à leur grand frère et le chatouillent jusqu'à ce qu'il tombe à la renverse. Petits, mais rusés !

### L'IGUANODON

- Les iguanodons sont de pacifiques herbivores qui peuvent mesurer 10 mètres de long et peser 3 tonnes.
- Ils vivent en grands troupeaux migrateurs que peu de prédateurs osent attaquer.
- Parmi toutes les espèces de dinosaures, ils sont les seuls à posséder des pattes à cinq doigts.

L'iguanodon est le moyen de transport préféré des lémuriens. Une petite balade sur son dos, ça change des promenades de liane en liane !

Après la cérémonie rituelle des lémuriens, Plio réconforte Aladar. Elle aimerait tellement qu'il trouve une compagne !

# Présage nocturne

Dans la lumière du couchant, une pluie d'étoiles filantes annonce la chute prochaine d'une météorite. Impressionné, Aladar observe le spectacle : il n'a jamais rien vu d'aussi joli ni d'aussi troublant. Soudain, un sentiment d'appréhension le submerge. Sa vie paisible va être bouleversée. L'aventure commence…

À l'instant où Aladar plonge avec les lémuriens du haut de la falaise, un immense incendie ravage l'île paradisiaque. La mer devient houleuse tandis que l'iguanodon cherche sa famille dans les flots.

En arrivant sur le continent, Aladar tombe nez à nez, pour la première fois de sa vie, avec des créatures vraiment diaboliques : des vélociraptors prêts à l'attaquer. Il n'avait encore jamais rencontré personne qui veuille le tuer !

## Premier amour

Aladar rencontre Neera le jour même où il découvre le troupeau. Il n'avait encore jamais vu d'iguanodon. Auprès d'elle, il éprouvera tous les sentiments contradictoires de l'amour.

# ZINI

Zini est le meilleur ami d'Aladar, et sans aucun doute le plus maladroit de tous les lémuriens. Malgré son air gaffeur et sa manie de provoquer sans cesse des catastrophes, Zini se considère plutôt comme un séducteur hors pair. Malheureusement, il n'a pas autant de succès auprès des jeunes lémuriennes qu'il le voudrait. Mais les choses vont changer : ses actes de bravoure vont faire de lui l'idole de ces dames !

Yar pense qu'Aladar peut être u danger pour le clan, mais le pet Zini remarque que le dinosaure n'a pas de dents. « Et comment va-t-il s'y prendre ? Il va peut-être nous mâchouiller jusqu'à ce que mort s'ensuive ! » dit-il.

## Opération séduction

Quelques minutes avant la cérémonie de l'Arbre sacré, Aladar rencontre son ami sur la plage, qui répète des compliments démodés destinés à séduire les femelles lémuriens. Zini se croit vraiment irrésistible, mais pour l'instant, il est bien le seul !

Pauvre Zini ! Son échec lors de la cérémonie l'a vraiment découragé.

Croyant rendre service à Aladar, Zini siffle Neera, puis se cache derrière la tête de son ami. L'iguanodon est sidéré, et ne trouve rien de mieux à faire que d'afficher un sourire idiot. Il se passerait bien de l'aide du « séducteur du siècle » !

Le troupeau doit repartir ! Zini a imaginé une façon rigolote de réveiller son ami.

## Petit comique

Zini sait trouver le moyen de motiver ses proches, durant leur long périple, en leur montrant toujours le bon côté des choses. Même Bruton le fait sourire et il rit des épreuves qu'ils subissent car elles permettent à Aladar de trouver une compagne. Mais lorsque son ami tombe amoureux de Neera, il se sent un peu triste d'être encore célibataire.

Yar est souvent exaspéré par le comportement de Zini et pense que ce jeune malotru a encore beaucoup de choses à apprendre. Bien entendu, le petit lémurien n'est pas du même avis et ne voit pas ce que ce vieux singe pourrait lui enseigner !

Dans le lit asséché du lac, de l'eau vient d'apparaître autour du pied de Baylene. Zini et Aladar creusent pour qu'elle jaillisse et, dans son empressement, Zini tombe dans le trou ! Il avoue alors à Baylene qu'il a toujours eu un faible pour les filles bien en chair !

## Le singe surfeur

Les lémuriens découvrent, émerveillés, leur nouvelle terre d'accueil. Tout excité, Zini grimpe sur la tête de Baylene, plonge… et fait un terrible plat ! Baylene entre dans l'eau à son tour et provoque un raz-de-marée qui propulse le petit lémurien sur l'eau : il a l'air d'un vrai surfeur !

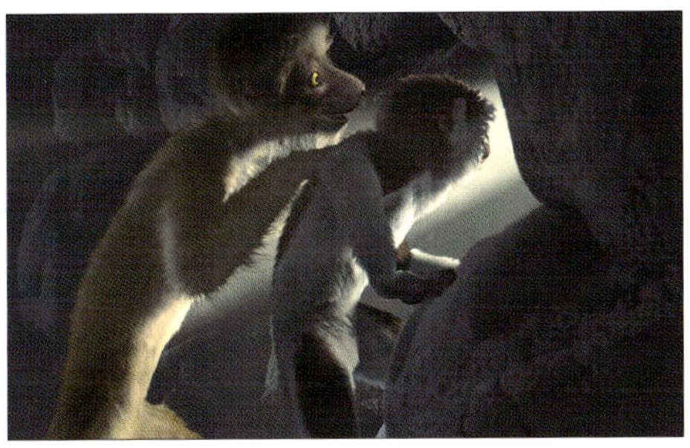

Aladar et ses amis sont bloqués dans la grotte. Soudain, Zini sent un filet d'air frais… Un rai de lumière perce les ténèbres. La Terre des Nids est juste là !

## Le fan club

Dans la Terre des Nids, Zini est considéré comme un héros par ses nouvelles cousines. Assailli par une horde de jeunes lémuriennes amoureuses qui rivalisent d'attentions pour le séduire, il ne sait plus où donner de la tête. Son charme opère enfin !

# L'Arbre sacré

Au sommet d'une falaise qui surplombe l'océan se dresse le magnifique Arbre sacré. Chaque année, les jeunes lémuriens grimpent le long de ses lianes et se livrent à une danse rituelle pour rencontrer l'élue de leur cœur. De mémoire de lémurien, cette cérémonie a toujours existé. Personne ne se doute que celle qui se prépare sera la dernière.

Pour les lémuriens, cet arbre majestueux est sacré : il a des pouvoirs magiques et recèle de puissantes énergies.

Yar confie ses infaillibles secrets de séduction aux jeunes lémuriens impatients.

## Les conseils de l'aînée

Chaque femelle lémurien offrira une fleur au mâle qu'elle choisira lors de la cérémonie. Mais Plio les met bien en garde de ne pas se laisser impressionner par le premier fanfaron venu. De son côté, Yar fait ses dernières recommandations aux garçons.

Aladar, les jeunes mâles sur son dos, entre dans la danse devant l'Arbre sacré. Il parade fièrement devant les jeunes filles, qui se conduisent avec beaucoup de tenue ainsi que Plio le leur a enseigné.

Aladar est heureux pour ses amis, et un peu triste aussi : il n'y a pas de compagne pour lui sur l'île des lémuriens.

## Les lémuriens

- Les lémuriens passent leur vie entière avec le même compagnon et lui restent fidèles.
- Leur nourriture se compose principalement de fleurs, de fruits et d'insectes.
- Ils vivent dans les arbres et se reposent la nuit.

Un splendide crépuscule baigne le paysage. Les jeunes filles, une fleur entre les dents, admirent les garçons qui se pavanent et font des acrobaties.

## Toujours célibataires

Seul Zini, qui s'est emmêlé dans les lianes, n'a pas trouvé de promise. Le petit lémurien maladroit a bien du mal à garder le sourire. Son ami Aladar tente de le réconforter, sous l'œil attendri de Yar et de Plio.

## Deux par deux

Doués d'une formidable agilité, les lémuriens mâles bondissent de liane en liane. Bientôt, chaque demoiselle rejoint l'élu de son cœur, et ils s'éloignent alors pour une balade en amoureux dans le soleil couchant. Même s'il a assisté bien des fois à ce rituel, Yar en a la larme à l'œil !

## La menace céleste

Depuis la nuit des temps, des fragments de pierre et de fer venus du ciel tombent sur la Terre. La plupart prennent feu au contact de l'atmosphère ou sont trop petits pour causer le moindre dégât. Mais environ une fois tous les cent millions d'années, l'un d'entre eux, gigantesque, vient heurter la surface du globe et modifie profondément l'équilibre naturel et le visage du monde. Les rares êtres vivants qui échappent à la catastrophe doivent alors lutter âprement pour la survie de leur espèce.

Aladar voit d'étranges étoiles filantes tomber sur la Terre, formant un gigantesque feu d'artifice.

# LA MÉTÉORITE

Au petit matin, l'île des lémuriens baigne dans un silence surnaturel. Une pluie d'étoiles filantes traverse le ciel, précédant la gigantesque météorite qui fonce droit vers la Terre. Lorsqu'elle pénètre dans l'atmosphère, Aladar et les lémuriens observent avec terreur sa fulgurante progression. Et c'est la collision : une immense gerbe de feu déchire l'horizon et illumine la nuit comme en plein jour.

Médusés, les jeunes couples lémuriens assistent aux premières secondes de la catastrophe. Aucun d'entre eux n'y survivra.

## MENACE CÉLESTE

Grâce à leur odorat et à leur ouïe très développés, les lémuriens avaient pressenti que le danger approchait avant même de voir les étoiles filantes. Plio n'avait jamais connu l'île si silencieuse et l'air si étouffant. Elle et Yar ont tout de suite redouté le pire…

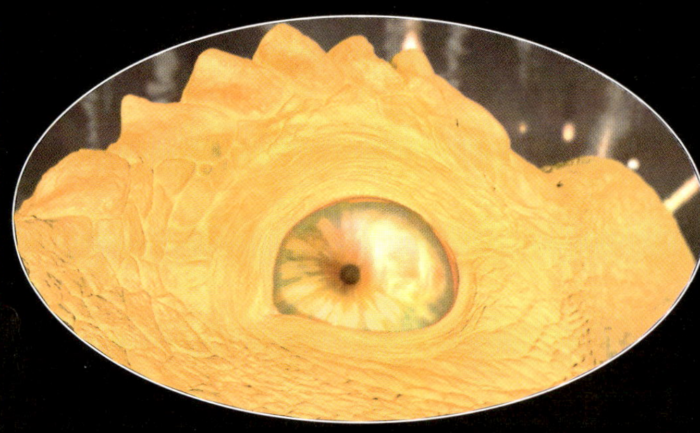

Aussi vite qu'elle est apparue, la météorite disparaît derrière la ligne d'horizon, éclairant la Terre d'une aveuglante lumière blanchâtre. Aladar est pris de panique.

## La météorite

- Une météorite est un énorme fragment de pierre, de fer et de glace qui se déplace dans l'espace à des milliers de kilomètres heure.
- Sa collision avec la Terre dégage une puissance équivalant à celle de quelques milliers de bombes atomiques. Elle creuse un trou dans la croûte terrestre tandis que l'explosion projette des vagues de feu dans toutes les directions.

## Lame de feu

En percutant la Terre, la météorite provoque une onde de flammes qui ravage l'île des lémuriens, tandis que des centaines de rochers incandescents s'abattent sur la Terre comme des explosifs. Pour échapper à cette pluie de débris ardents qui transforme l'île en champ de mines, Aladar s'enfuit en emportant sur son dos ses amis lémuriens.

Aladar se jette du haut d'une falaise escarpée et plonge la tête la première dans la mer. Derrière lui, les flammes dévastent l'île.

Choqués par la catastrophe et épuisés d'avoir longtemps nagé, les lémuriens se blottissent les uns contre les autres.

*Yar* *Plio*

*Zini* *Suri*

Aladar et les lémuriens se sont échoués, groggy, sur une plage dévastée. Autour d'eux, tout n'est que cendre, poussière et fumée. Les yeux baignés de larmes, les lémuriens observent leur île paradisiaque transformée en un gigantesque brasier.

# LES VÉLOCIRAPTORS

Depuis que leurs proies habituelles ont été décimées par la météorite, ces amateurs de chair fraîche ont dû abandonner leurs anciens territoires de chasse. Ils suivent maintenant le troupeau des dinosaures, dans l'espoir de dévorer les plus faibles et les plus lents d'entre eux. Ils ne s'attendaient pas à ce qu'un iguanodon isolé croise leur route…

Qui va là ? Aladar et les lémuriens ont entr'aperçu deux silhouettes qui filaient entre des rochers. Des animaux, sans doute, mais de quelle espèce ?

## Des prédateurs redoutables

Pour tester sa rapidité et sa résistance, les vélociraptors houspillent Aladar. Malgré sa bravoure, l'iguanodon a peu de chances de s'en sortir face à leur nombre. Heureusement, le troupeau approche et fait fuir les vélociraptors.

## ATTAQUE ÉCLAIR

Contrairement aux carnosaures, les vélociraptors ont un petit gabarit, qui leur permet de courir très vite, et des bras musclés. Ils sont intelligents et possèdent plusieurs rangées de dents aussi coupantes que des lames de rasoir. Grâce à leur queue rigide, dont ils se servent comme d'un gouvernail, ils peuvent pivoter rapidement tout en courant.

## Les vélociraptors

- Les vélociraptors possèdent une arme redoutable, capable de donner la mort : une griffe en forme de faucille. Lorsqu'il attaque, le vélociraptor s'agrippe aux flancs de sa proie et les taillade avec sa griffe.

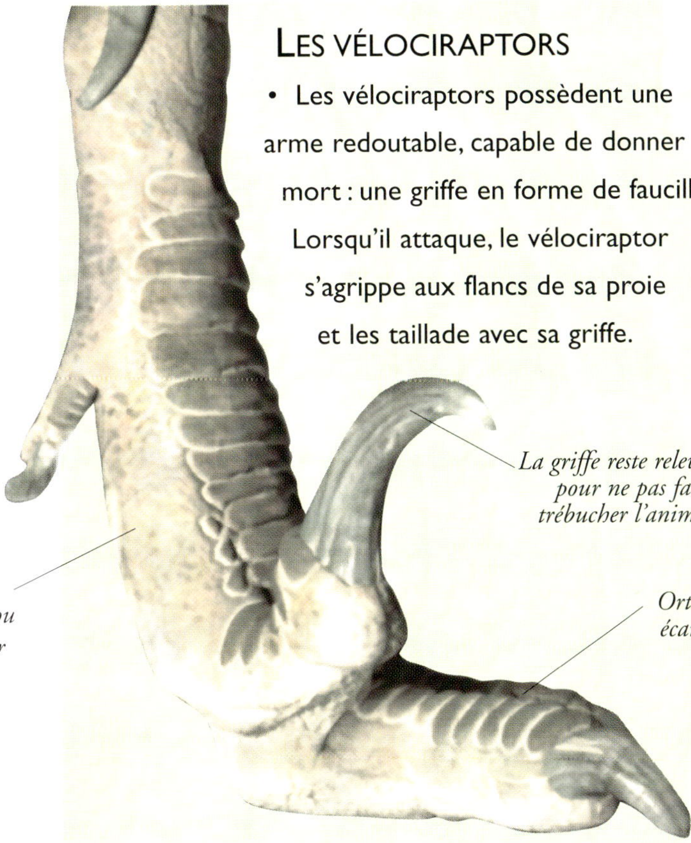

- Les dents du vélociraptor sont recourbées vers l'arrière. Ainsi, lorsque la proie est mordue, les efforts qu'elle déploie pour se libérer ne font qu'enfoncer plus profondément les crocs du prédateur dans sa chair.

Les vélociraptors combattent à plusieurs, jusqu'à ce que leur victime soit si affaiblie qu'elle meurt d'épuisement ou de ses blessures.

Les vélociraptors ont un champ de vision très large, leur permettant de repérer très rapidement leur proie. Associée à leur incroyable vélocité, cette aptitude fait d'eux des tueurs presque infaillibles.

# Des charognards impatients

Suite au désastre causé par la météorite, les vélociraptors, qui étaient de terribles chasseurs, sont devenus des charognards. Ils se contentent maintenant d'observer le troupeau à distance et d'attendre que l'un des animaux s'égare ou tombe d'épuisement. Ils se jettent alors sur lui avant qu'un carnosaure ne les devance.

# LE TROUPEAU

Chaque année, un vaste troupeau de dinosaures migre vers la Terre des Nids. Des dizaines d'espèces différentes suivent les iguanodons, qui mènent le troupeau vers le nord. Mais cette année, la météorite a détruit les pâturages et les lacs qui jalonnaient leur itinéraire : la paisible expédition de jadis est devenue une terrible épreuve. Bien peu parviendront au bout de la route…

Kron, un iguanodon intraitable, est le chef du troupeau. Les dinosaures, désemparés devant la catastrophe, s'en remettent entièrement à ses décisions et le suivent aveuglément.

Très vite, le troupeau souffre de la faim et de la soif. Suivant l'exemple de leur impitoyable meneur, les dinosaures continuent égoïstement leur chemin sans se soucier de deux orphelins épuisés. Mais Neera, elle, prend soin d'eux.

## C'est l'heure !

Aladar passe la nuit aux côtés de Baylene et d'Eema, ses nouvelles amies. Kron est très surpris que ce petit nouveau ne réclame pas une meilleure place pour dormir. Au petit matin, Bruton donne le signal du départ et le malheureux troupeau se remet en route tant bien que mal.

## UNE VICTIME

Harassé, un stygimoloch s'écroule sur le sol. Personne ne lui porte secours, car Kron a donné l'ordre d'abandonner aux vélociraptors ceux qui ne suivent pas la cadence. L'animal aura de la chance s'il meurt avant que les carnassiers ne le trouvent.

Un silence de mort s'abat sur le troupeau qui découvre, depuis le sommet d'une falaise, le lit asséché du lac, jonché de squelettes de dinosaures.

# Un long périple

Le troupeau, tel une armée vaincue, traverse un paysage sauvage, qui s'étend à perte de vue. Lors des migrations précédentes, le voyage se faisait dans la bonne humeur. Les dinosaures s'arrêtaient souvent pour pâturer et s'abreuver, avant de pondre tranquillement dans leur nid.

Kron découvre que l'entrée de la vallée est bloquée par un éboulement. Furieux, il ordonne aux dinosaures d'escalader les blocs de pierre. Mais ils refusent de lui obéir, pensant que c'est du suicide. Il est temps pour eux de se choisir un nouveau chef.

En arrivant à la Terre des Nids, le troupeau peut enfin se reposer de la fatigue du voyage. C'est la fin des souffrances et de l'égoïsme, le retour à une vie naturelle et paisible.

*Un bébé parasaurolophus*

*Un pachyrhinosaurus*

*Un iguanodon*

*Un microcératops*

*Un bébé iguanodon*

*Un parasaurolophus*

## La hiérarchie du troupeau

- Après Baylene, le plus grand animal du troupeau est le parasaurolophus. Le plus petit est le microcératops, qui appartient à la même espèce de dinosaures qu'Eema, celle des cératopsiens.
- Grâce à leur intelligence et à leur agilité, les iguanodons sont les meneurs naturels du troupeau. Tous les dinosaures ne sont pas aussi doués : le stygimoloch, par exemple, cache un cerveau minuscule sous ses énormes cornes !

*Un stygimoloch*

*Un struthiomimus*

*Un styracosaurus*

# EEMA

D'aussi loin qu'elle se souvienne, Eema, femelle styracosaure centenaire, a toujours fait partie du troupeau. Avec les années, son pas est devenu lent, mais son esprit est toujours aussi vif. Elle a beau être chaleureuse et agréable à vivre, elle sait rabrouer ceux qui ne respectent pas sa grande expérience !

Eema accueille Aladar et les lémuriens avec beaucoup de gentillesse, et leur apprend les secrets de la vie avec le troupeau. Elle conseille à Aladar d'éviter Neera s'il ne veut pas avoir d'ennuis.

Eema se comporte avec les lémuriens comme s'ils faisaient partie de sa famille. Elle aime taquiner Yar en l'appelant « Papa », mais l'autorise à monter sur sa crête durant le voyage.

## DRÔLE DE COUPLE !

Eema veille sur Baylene, sa compagne de route un peu snob qui voyage pour la première fois avec le troupeau. Bien que leurs tempéraments soient radicalement opposés, le style décontracté d'Eema s'accorde parfaitement avec les bonnes manières de Baylene. Elles sont devenues les meilleures amies du monde.

## Dinosaure en détresse

Le troupeau découvre que le lac est à sec. Eema est épuisée. Elle sait qu'elle ne pourra pas tenir plus longtemps sans boire. Saisie de vertige, elle se roule dans la poussière comme s'il s'agissait d'une flaque d'eau. Aladar tente de lui venir en aide, mais il redoute le pire…

C'est la cohue autour du point d'eau ! Eema, qui n'a pas la force de résister à la bousculade, manque d'être piétinée. Mais Aladar intervient juste à temps et l'emmène à l'écart.

En découvrant que l'entrée du canyon est bloquée, Eema pressent qu'Aladar va faire demi-tour pour aller chercher le troupeau. Elle redoute la colère de Kron.

## P'tit Rex

Cet ankylosaure, qui ressemble à un chien, est le fidèle compagnon de Baylene et d'Eema, et deviendra celui d'Aladar. Ils voyagent ensemble à l'arrière du troupeau. Comme cet animal de compagnie affectueux a l'habitude de traîner dans les pattes de ses camarades, Eema s'assied souvent sur lui par inadvertance ! Heureusement, ses piquants le protègent des accidents et des prédateurs.

P'tit Rex est un grand collectionneur de stalagmites. Il sera comblé en découvrant la grotte où ses amis se réfugieront durant la tempête.

Le petit ankylosaure est enchanté d'arriver à la Terre des Nids. Il se précipite vers le lac derrière Baylene, dont les traces forment un large sillon d'herbe aplatie !

## Joyeuse nourrice

Le troupeau comprend enfin combien Eema est précieuse en voyant avec quel soin elle s'occupe des œufs et des nouveau-nés. Folle de joie de les voir éclore, la vieille dame styracosaure mugit aussi fort qu'elle le peut, déclenchant un concert de bravos dans toute la vallée. Il y a du bonheur dans l'air !

# BAYLENE

Témoin d'une époque révolue, Baylene, femelle brachiosaure, est le dernier spécimen de son espèce. Jadis, elle appartenait à la classe aristocratique des sauropodes. Mais la chute de la météorite l'a conduite à prendre la route avec le troupeau. Malgré sa taille gigantesque, Baylene est timide et trop fragile pour résister seule aux épreuves du voyage. Heureusement, Eema veille sur elle…

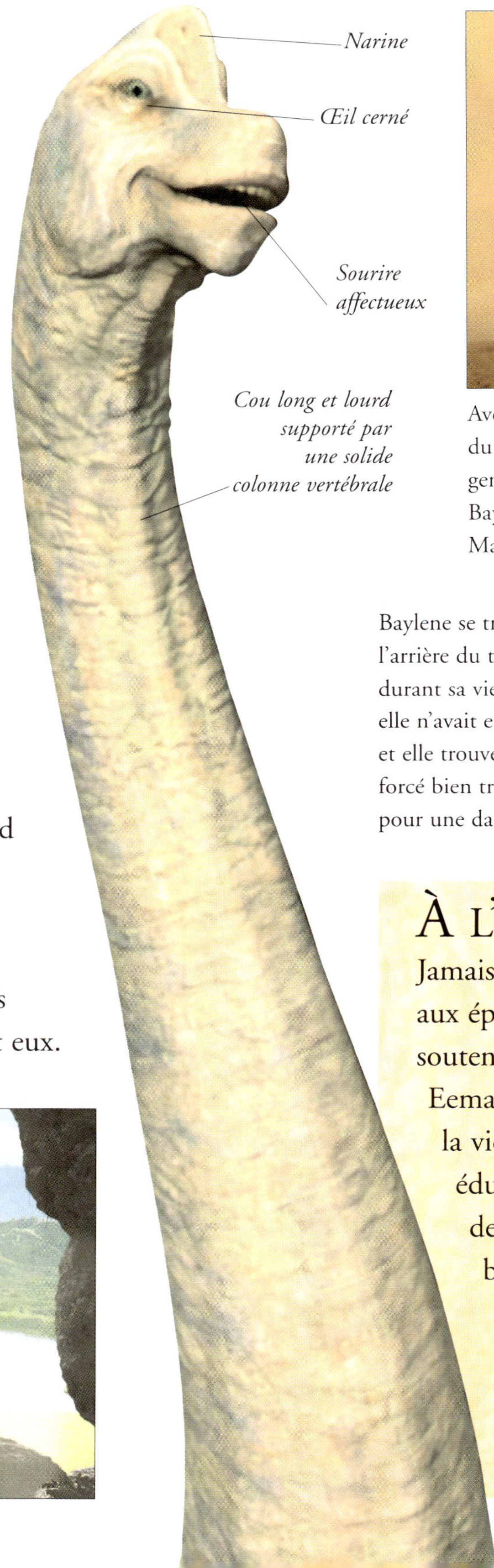

Avec Eema, Baylene fait partie des rares membres du troupeau à accueillir Aladar et les lémuriens avec gentillesse. Avant de rencontrer le jeune iguanodon, Baylene pensait être un fardeau pour le troupeau. Mais Aladar lui redonne confiance en elle.

Baylene se traîne péniblement à l'arrière du troupeau. Jamais, durant sa vie, elle n'avait eu à se presser, et elle trouve ce voyage forcé bien trop fatigant pour une dame de son âge.

## Passage de relais

Baylene a senti les lémuriens avant même de les voir sur le dos d'Aladar et les a d'abord pris pour une malformation du dinosaure ! Leur rencontre est symbolique : si les jours des brachiosaures sont comptés, les lémuriens voient l'avenir s'ouvrir devant eux.

Sans Baylene, les amis n'auraient jamais pu se frayer un chemin jusqu'à la Terre des Nids. Grâce à sa force et à sa rage de survivre, elle réussit à dégager les blocs de pierre qui bloquent la sortie de la grotte en provoquant un éboulement. Lorsque la poussière se dissipe, elle découvre alors, ébahie, un paysage de rêve.

## À L'ÉCOLE DE LA VIE

Jamais Baylene n'aurait pu survivre aux épreuves du voyage si Eema ne l'avait soutenue. Bien qu'elle ait le même âge, Eema connaît en effet beaucoup mieux la vie de groupe. Baylene, que son éducation raffinée a tenue éloignée des difficultés de l'existence, doit beaucoup à sa nouvelle amie.

## Du cran !

Baylene cache un tempérament plein de fougue et de détermination : c'est elle qui saura redonner courage à Aladar, alors sur le point de renoncer. Elle lui rappellera qu'il faut toujours garder espoir et rester solidaire.

Baylene est enchantée ! Elle a enfin trouvé un bassin à sa taille. Si elle a beaucoup souffert de son poids et de son âge durant le voyage, une fois arrivée à la Terre des Nids, elle se sent légère comme lorsqu'elle n'était qu'une fillette de 10 tonnes !

Les énormes pattes de Baylene sauvent le troupeau d'une mort certaine. Elles martèlent le lit asséché du lac et produisent un grand « floc ». Il y a de l'eau sous la croûte de sable !

### Les brachiosaures

Les brachiosaures sont des dinosaures de la famille des sauropodes. Pouvant atteindre les 75 tonnes, ce sont les plus gros animaux ayant jamais vécu sur la Terre.

# KRON

Iguanodon arrogant et sans pitié, Kron mène le troupeau d'une patte de fer. Mais le chemin qui mène à la Terre des Nids a été dévasté par la météorite, et il a bien du mal à résoudre les difficultés du nouveau parcours. Ses idées ont fait leur temps et il est vite débordé par la générosité et l'impétuosité d'Aladar. Au fond de son cœur d'acier, il hait le nouveau venu.

## « Occupe-toi de tes affaires ! »

Quand Aladar demande à Kron de ralentir pour Baylene et Eema, le tyran n'en croit pas ses oreilles. Il n'a pas l'habitude qu'on remette ses décisions en question, et répond d'un ton moqueur : « Depuis quand les faibles donnent-ils la cadence ? »

Kron regarde dormir les animaux harassés. Peu lui importe si la moitié du troupeau meurt d'épuisement. Il sauvera ceux qui en sont dignes.

Imbu de sa personne, Kron se pavane en tête du troupeau et se dresse souvent sur ses pattes arrière pour rugir des ordres.

Quand on l'énerve, Kron balaie violemment l'air avec sa queue et s'en sert pour frapper l'importun !

L'ombre de Kron plane sur deux orphelins assoiffés et terrorisés. Agacé par leurs gémissements, il leur ordonne d'être forts.

## Une soif ardente

Quand Aladar trouve de l'eau sous la croûte de sable qui couvre le lit desséché du lac, Kron se précipite en bousculant tout le monde. Égoïstement, il se désaltère avant les autres dinosaures assoiffés. Il est fou de rage de ne pas avoir lui-même découvert l'eau : cela aurait renforcé son prestige et son autorité sur la horde.

Quand Aladar comprend que Kron veut abandonner les retardataires aux carnosaures, il tente de s'adresser au troupeau. Mais avant qu'il ait pu dire un mot, Kron le frappe sauvagement. « Si jamais tu oses encore contester mes ordres, je te tuerai », rugit-il, menaçant.

## Le chef

Kron exige des membres du troupeau un dévouement absolu. Son autorité repose sur la peur qu'il inspire, et jamais une parole d'encouragement ne sort de sa gueule. Pour lui, les forts méritent de survivre et les faibles d'être abandonnés à leur sort. Quiconque conteste ses principes lui apparaît comme un dangereux rival.

Devant l'éboulement qui empêche d'accéder à la Terre des Nids, Kron ordonne au troupeau d'escalader les blocs de pierre. Mais les dinosaures refusent d'obéir, et préfèrent suivre Aladar et Neera. Obstiné, le tyran commence seul l'ascension.

## La mort d'un tyran

Kron pense que les membres du troupeau regretteront d'avoir suivi leur nouveau chef, et qu'ils reviendront bientôt vers lui et vers ses vieux principes. Mais son entêtement lui coûtera la vie : au lieu de rester avec les autres, il se retrouve isolé, comme un des traînards qu'il déteste, et il est tué par un carnosaure.

La mort de Kron marque le début d'une ère nouvelle pour le troupeau. Après avoir tenu tête au carnosaure, les dinosaures renoncent aux principes égoïstes de leur ancien chef et s'en remettent à Aladar.

## L'odyssée

Sous les ordres de l'impitoyable Kron, le troupeau traverse le désert, obéissant à la loi du plus fort. Celui qui vit au sein du groupe y trouve la sécurité ou la mort. La force du nombre offre en effet une protection efficace contre les prédateurs, mais le troupeau laisse mourir ceux qui lui paraissent trop faibles ou trop lents. Et maintenant que la météorite a dévasté la Terre, Kron se montre plus intraitable que jamais. Rares seront ceux qui survivront à la soif et à la fatigue de cet interminable périple.

# NEERA

Neera est la sœur cadette de Kron. Elle est très jolie et ne manque pas de bon sens. Aussi intelligente que son frère, elle fait preuve de bien plus de courage et de générosité. Si elle partageait jadis avec lui de vieux principes, elle se rallie aux idées nouvelles d'Aladar lorsqu'elle le rencontre.

Au départ, Neera marche fièrement en tête du troupeau. Elle n'imagine pas que sa rencontre avec Aladar va l'amener à porter secours aux faibles et aux retardataires.

## Faux départ !

La première rencontre entre Neera et Aladar est plutôt renversante : le jeune iguanodon bouscule la demoiselle en croisant la route du troupeau. Elle le regarde avec dédain, tandis que Bruton l'écarte brutalement de leur chemin.

En voyant Aladar porter secours à Eema, Neera comprend qu'elle l'a mal jugé : il est loin d'être un « crétinosaure ».

## UN GESTE TENDRE

Zini a compris combien les deux dinosaures sont attirés l'un par l'autre. Il sait que son ami en pince pour la peau écailleuse, les yeux jaunes et les grosses chevilles si féminines de Neera ! Quand Aladar montre à la jeune femelle comment trouver de l'eau, leurs pattes se frôlent et ils tombent amoureux sous le ciel étoilé.

# Des idées révolutionnaires

Aladar pense que chaque membre du troupeau a de l'importance et mérite d'être secouru. Cette idée révolutionnaire bouleverse Neera à tel point qu'elle décidera de défier son frère et de suivre le jeune étranger.

Kron comprend immédiatement qu'Aladar est attiré par Neera et il les sépare violemment.

L'un des orphelins tombe d'épuisement. Neera l'aide à se relever et lui promet que dorénavant, elle aidera les plus faibles à suivre le troupeau.

## Les jeunes iguanodons

- Les iguanodons protègent leurs petits des prédateurs en les faisant marcher au centre du troupeau, bien entourés par les grands.
- Petits, les iguanodons peuvent marcher sur deux pattes. Adultes, ils se servent des quatre.
- Pour suivre une bonne croissance, les jeunes iguanodons doivent se nourrir abondamment. Ainsi, il ne leur faudra que quelques petites années pour atteindre un poids de 2 tonnes.

Après un terrible combat, Kron est sur le point d'assener un coup fatal à Aladar. Mais Neera se jette sur lui et le fait tomber, devant le troupeau sidéré. Avant même qu'elle puisse réaliser ce qu'elle vient de faire, un nouveau danger se présente : un carnosaure s'avance dans le canyon.

Devant la dépouille de Kron, Neera se sent à la fois pleine de remords et profondément soulagée. Elle n'a pas réussi à le protéger de lui-même, mais elle a contribué à sauver le troupeau.

Neera dépose ses œufs dans la Terre des Nids et observe leur éclosion en compagnie d'Aladar, très fier d'être papa. Les deux parents sont profondément heureux. Tous leurs vœux se sont réalisés. Ils ont atteint leur destination et assuré la survie de leur espèce.

# BRUTON

Avec sa grande expérience des longs voyages et des combats, Bruton est le vétéran du troupeau. Fier et loyal, il obéit consciencieusement aux règles du groupe. D'abord méfiant envers Aladar, ses amies laissées-pour-compte et ces canailles de lémuriens, Bruton sera finalement touché par leur gentillesse et donnera sa vie pour eux.

Kron laisse son lieutenant exécuter les besognes les plus ingrates et les plus dangereuses, assuré qu'il lui obéira au doigt et à l'œil. Mais devant les difficultés grandissantes du voyage, Bruton finit par douter de la pertinence des décisions de Kron.

Sur l'ordre de Kron, Bruton informe les dinosaures qu'ils ne trouveront de l'eau que de l'autre côté du désert. Ils n'ont pas le choix : s'ils ne suivent pas le troupeau, ils tomberont entre les griffes des prédateurs.

## FÉROCE !

Kron a choisi Bruton comme bras droit car il est à la fois fort et féroce. Bruton est un vrai guerrier qui n'a pas de temps à perdre avec les faibles et les traînards. Et encore moins avec les petits nouveaux qui contestent les ordres de son chef ! Au début, Bruton trouve Aladar à la fois naïf et stupide.

Bien caché derrière la tête d'Aladar, Zini se moque un peu de Bruton, qui perd son sang-froid. « Si vous ne voulez pas mourir, toi et ton parasite, leur dit-il, vous feriez mieux d'avancer. »

# La nuit des carnosaures

Tandis que le soleil se couche sur le canyon, Bruton et ses éclaireurs subissent l'attaque-surprise de deux carnosaures. L'un se jette sur un éclaireur, l'autre charge Bruton…

Gravement blessé, Bruton s'échappe, rejoint le troupeau et prévient Kron du danger. Mais soudain, on entend un terrible rugissement, tout proche. Kron, furieux, s'en prend à son lieutenant : « Tu les as conduits jusqu'à nous ! »

Abandonné par Kron, Bruton rejoint à contrecœur Baylene, Eema et les lémuriens dans la grotte. Aladar l'accueille chaleureusement et Plio soigne ses blessures avec une plante cicatrisante. Bruton est gêné. Pourquoi donc sont-ils si gentils ?

## Fatalité ou volonté ?

Lorsque Kron l'abandonne aux carnosaures, Bruton prend conscience de la méchanceté de son maître. Il pense que son destin est de mourir dans la grotte, mais Plio lui dit qu'il s'agit d'un choix et non d'une fatalité. Bruton réalise alors qu'Aladar a su redonner espoir et courage aux « traînards ».

## L'ENNEMI APPROCHE

La tempête devient de plus en plus violente. Juste devant l'entrée de la grotte, deux carnosaures apparaissent dans la lueur d'un éclair. Ils reniflent l'air à la recherche de leur proie. Lorsqu'un nouvel éclair leur révèle la présence d'Aladar, les monstres chargent !

Pour sauver la vie d'Aladar, Bruton se rue sur les carnosaures. Les amis ont tout juste le temps de s'échapper vers le fond de la grotte. Bruton se bat vaillamment, mais les prédateurs sont trop forts. Il aperçoit alors un tas de pierres et le fait s'écrouler sur les monstres. L'allié d'Aladar meurt en héros.

# L'UNION FAIT LA FORCE !

Les épreuves du voyage et la vie en troupeau vont faire d'Aladar un adulte. Après une jeunesse paisible, la catastrophe le projette dans une aventure où se révèlent sa générosité et son courage. Son charisme et son altruisme font renaître l'espoir dans le troupeau. Ragaillardis, les dinosaures sont maintenant capables de tout, même de vaincre un carnosaure et de se rebeller contre Kron.

Lorsque les dinosaures découvrent que le lac est à sec, Aladar réalise qu'accélérer la cadence du troupeau n'est pas la bonne solution.

## Sauveteur

Assoiffés, les dinosaures se ruent sur le point d'eau dans une gigantesque bousculade. « Du calme ! crie Aladar. Il y en aura pour tout le monde ! » Personne ne l'écoute. Il s'élance pour dégager Eema, qui manque d'être piétinée par le troupeau. Neera est très impressionnée par cet acte héroïque.

Aladar est conscient que sans Baylene, le dinosaure le plus lent du troupeau, ils n'auraient jamais trouvé d'eau.

## UN RIVAL GÊNANT

Aladar est un étranger qui n'a jamais eu à obéir aux anciennes lois du troupeau. Il lui est donc plus facile de déceler les erreurs de Kron. Le jeune iguanodon sait que le troupeau ne survivra que si les dinosaures s'entraident, et qu'il risque le pire si les plus forts refusent d'aider les plus faibles.

Neera cherche à comprendre pourquoi Aladar a porté secours à Eema près du lac. « Dis-moi ce que nous aurions pu faire d'autre ! s'exclame-t-il. L'abandonner ? » Neera lui répond que seuls les plus forts survivent. « Est-ce que ce sont tes paroles ou celles de ton frère ? » l'interroge alors Aladar. Neera voudrait croire en lui, mais elle ne sait plus quoi penser.

Kron n'est plus capable de guider correctement son troupeau dans ce monde dévasté par la météorite. Et il réagit violemment dès qu'on le contredit.

Aladar explique aux enfants que si tout le monde y met du sien, ils pourront faire apparaître une mare si grande que chaque animal, même le plus petit, pourra s'y désaltérer sans peur.

Aladar s'élance à la rencontre du carnosaure en rugissant férocement. Surpris, le prédateur stoppe un instant son attaque.

## Chargez !

Contrairement à ce qu'ont toujours fait les dinosaures depuis des millions d'années, Aladar ne s'enfuit pas quand le monstrueux carnosaure se jette sur lui. Il fait face !

## Le découragement

Aladar, lui aussi, se sent découragé lorsque la malchance l'accable : alors que ses amis viennent de trouver un moyen de sortir de la grotte, un éboulement bloque soudain le passage. Aladar s'effondre en répétant qu'il est destiné à mourir ici. Baylene est choquée par ces mots. Est-ce bien Aladar qui parle ainsi ? Lui qui a su leur donner la force de lutter !

Baylene prouve à tous qu'elle a raison en se frayant rageusement un chemin vers la vallée. Aladar, parti prévenir le reste du troupeau, se cache derrière un rocher pour échapper au second carnosaure.

Les animaux arrivent transformés à la Terre des Nids. Aladar leur a donné les clés pour affronter sereinement l'avenir : avoir une inébranlable confiance en soi et un grand sens de la justice. La météorite a changé la face du monde. Une nouvelle ère de générosité est sur le point de remplacer l'ordre ancien.

# Le COMBAT

Alors que le troupeau s'apprête à quitter le canyon derrière Aladar, un rugissement terrifiant fige tous les dinosaures sur place. Un carnosaure blessé, ivre de douleur et de colère, se dresse sur leur chemin. Aveuglés par la peur, les animaux font volte-face et tentent d'escalader l'éboulement avec Kron. Aladar les supplie de rester immobiles. Soudain, la bête charge.

Aladar n'a pas peur. Il sait que le carnosaure s'attend à ce que ses proies prennent la fuite. Il décide de lui faire face afin de le déstabiliser et de lui donner l'occasion d'éprouver un sentiment nouveau pour lui : la peur !

Ce carnosaure a été blessé pendant le combat contre Bruton. Moins chanceux, son compagnon est mort sur le coup lors de l'éboulement d'une partie de la grotte.

Au lieu de fuir, Aladar se rue sur le prédateur en poussant son rugissement le plus puissant et le plus agressif. Surpris, le carnosaure ralentit.

## L'héroïsme du troupeau

Neera vient se placer aux côtés d'Aladar devant le carnosaure. Puis un autre membre du troupeau les rejoint. Puis un autre. Et encore un autre. Désorienté, le carnosaure s'immobilise. Il n'a jamais rencontré pareille situation. Galvanisé, le troupeau serre les rangs et, d'une seule voix, lance un mugissement tonitruant.

Acculé par le troupeau contre la muraille de pierres, le carnosaure regarde autour de lui, effrayé. Avisant Kron, isolé sur un rocher, il s'élance vers lui.

## LA CHUTE

Kron a décidé d'abandonner le troupeau rebelle et escalade seul l'éboulement.

En se retournant, il découvre avec stupeur que le carnosaure le talonne. Il accélère son ascension mais se trouve bloqué sur une crête rocheuse. Son sort est scellé. Kron trouve la mort dans un violent combat.

Utilisant la technique de combat de son adversaire, le carnosaure projette Aladar à terre d'un brutal coup de queue. L'iguanodon grimace de douleur lorsque sa poitrine blessée heurte violemment la roche.

## Adieu démon !

Neera se rue sur le lieu du combat pour prêter main-forte à son frère. Le carnosaure est sur le point de la tuer, quand Aladar les rejoint et assène un violent coup de queue à la bête. Mais le monstre enragé recule, et Aladar se retrouve à terre…

Pour la deuxième fois, Aladar va défier le carnosaure : il se relève et pousse la bête vers le bord de la falaise. Déséquilibrée, elle tombe dans le vide en hurlant à la mort.

### LES ARMES DES DINOSAURES

- Les iguanodons possèdent un gros ongle de pouce en forme de poignard. Grâce à cette arme redoutable, ils peuvent lacérer les peaux les plus dures.

- Beaucoup de dinosaures utilisent leur queue comme moyen de défense. Les brachiosaures comme Baylene ont une queue si longue qu'un adversaire aurait bien du mal à l'esquiver.

Si le carnosaure sème la terreur dans le troupeau, Aladar lui communique sa bravoure. Jamais encore il n'avait vécu la panique collective causée par une attaque de carnosaure.

# La Terre des Nids

De l'autre côté de la grotte s'étend une vallée intacte. De majestueuses montagnes l'ont protégée de la météorite. Elle est aussi verte que dans le souvenir du troupeau. Un lac d'eau claire y scintille et les arbres sont remplis d'oiseaux. C'est la Terre des Nids, là où, chaque année, le troupeau vient déposer ses œufs. Comme le dit Eema, « il n'y a pas plus bel endroit sur la Terre » !

Aladar sort de la grotte à la tête du troupeau émerveillé. Bien des dinosaures commençaient à douter que la Terre des Nids existait encore.

## La famille s'agrandit

Aladar et les lémuriens accueillent deux nouveaux membres dans leur famille : Neera, et un nouveau-né qui ressemble beaucoup à son père ! La famille hétéroclite d'Aladar incarne les nouvelles valeurs du troupeau : la tolérance, la solidarité et l'amour.

## Le héros

Après son triomphe, Aladar est devenu le héros de sa génération. Il a accompli son destin, en tant que meneur et en tant que père. Ce jeune étranger qui a sauvé la vie de ses congénères et leur a enseigné une nouvelle philosophie de vie a bien mérité sa récompense : un foyer paisible et l'amour de Neera.

# Tous au bain !

Le troupeau, ivre de joie, se précipite vers le lac. Après des semaines de marche dans le désert aride, c'est un rêve qui se réalise. Portés par les courants d'air chaud, des oiseaux font, en signe de victoire, des loopings au-dessus du troupeau.

## La migration

• De nombreux dinosaures se joignent au troupeau pour se rendre sur leur terre de nidification en toute sécurité. Les ptérosaures parcourent ainsi de longues distances pour pondre chaque année au même endroit.

• Quand le froid de l'hiver s'abat sur la Terre des Nids, les troupeaux repartent vers le sud, pour trouver la chaleur.

Eema et Plio aident les mamans dinosaures à surveiller leurs œufs et à s'occuper des nouveau-nés. Eema a beaucoup d'expérience en la matière, et Plio est sans doute le seul lémurien au monde à avoir déjà élevé un iguanodon !

Le troupeau est sauvé ! La vallée est parsemée de centaines de nids… Les dinosaures ignorent ce que l'avenir leur réserve, mais une chose est sûre : grâce à Aladar, leur espèce a survécu.

## Une nouvelle vie

Contre toute attente, les dinosaures ont été sauvés par le courage d'un groupe d'amis peu ordinaire. Désormais, la Terre des Nids résonne des cris de joie des parents qui accueillent leurs nouveau-nés. Dans cette vallée encerclée par les montagnes, le troupeau est à l'abri des dangers et du malheur. Les jeunes batifolent sous le soleil bienfaisant ; des dinosaures de toutes espèces se regroupent tranquillement autour du lac et se régalent de la végétation abondante. La vie suit son cours…

Conception : Dorling Kindersley Ltd.
A collaboré à cet ouvrage : Ludovic-Jérôme Gombault pour l'adaptation en langue française.



L'éditeur remercie Eric Huang, Hunter Heller, Victoria Saxon, Rachel Alor, Brent Ford et Tim Lewis chez Disney Publishing ; Pam Marsden, Eric Leighton, Ralph Zondag, Cristy Maltese et Serge Riou chez Walt Disney Feature Animation.

*Imprimé en France - Produit complet Pollina n° 80977 - Dépôt légal n°4504 - Novembre 2000 - 46.42.1835.01/1 - ISBN 2.23.001188.X*
Loi n 49-956 du 16 juillet 1949 sur les publications destinées à la jeunesse.